LA RÉFORME

DE LA

LICENCE EN DROIT

ET

L'ENSEIGNEMENT DU DROIT INTERNATIONAL

PAR

A. LAINÉ

Professeur de droit international à la Faculté de droit de Paris

LA RÉFORME

DE LA

LICENCE EN DROIT

ET

L'ENSEIGNEMENT DU DROIT INTERNATIONAL

PAR

A. LAINÉ

Professeur de droit international à la Faculté de droit de Paris

LA RÉFORME
DE LA LICENCE EN DROIT

ET

L'ENSEIGNEMENT

DU DROIT INTERNATIONAL

Par A. LAINÉ,

Professeur de droit international à la Faculté de droit de Paris.

———

Un projet de décret, qui sera prochainement soumis au Conseil supérieur de l'Instruction publique, transforme l'enseignement du droit international : il le rend facultatif, c'est-à-dire que les étudiants en droit pourront désormais choisir entre cet enseignement et tel ou tel autre. Je crois devoir signaler les fâcheux effets qu'aurait ce changement, soit sur l'instruction générale des citoyens appelés à exercer quelque influence dans la marche des affaires publiques, soit sur l'instruction spéciale que doivent posséder ceux qui prennent part à l'administration de la justice. Il eût mieux valu, sans doute, que la défense de l'enseignement menacé fût présentée par quelque autre, le connaissant bien sans le donner lui-même ; ses observations auraient eu plus d'autorité. Mais, à défaut, on voudra bien considérer que

mon témoignage est celui d'un homme compétent
en la matière, qu'il est facile, en outre, d'en vérifier
l'exactitude, et qu'enfin, dans certains cas, le silence
est une faute.

I

Le droit international est public ou privé ; d'où
il suit que deux cours distincts lui sont affectés : le
cours de droit public, dans la seconde année de licence ; le cours de droit privé, dans la troisième année. Chacun d'eux n'est que semestriel, ne com-
porte, à raison de trois leçons par semaine, qu'une
quarantaine de leçons. Jusqu'à présent on avait
pensé que, s'ils étaient enfermés dans des bornes
aussi étroites, ces cours devaient du moins être sui-
vis par tous les étudiants qui aspirent au grade de
licencié en droit. Je voudrais montrer combien on
avait raison.

C'est à peine si j'ai besoin de rappeler en quoi
consiste le droit international public. Son nom seul
suffit à faire entendre qu'il préside aux relations
des Etats, personnifiant les peuples, à l'égard de
leurs intérêts généraux. L'Etat et ses attributs; la
constitution des divers Etats, au point de vue du
rôle qu'ils ont à jouer dans la société internationale:
Etats simples, comme la France, ou composés; ces
derniers, formés soit d'une union personnelle,
comme la Belgique et l'Etat indépendant du Congo,
soit d'une union réelle, comme la Suède-Norvège et
l'Autriche-Hongrie, qui se montrent aujourd'hui si
impatients de ce lien, soit d'une fédération plus ou

moins étroite, comme les Etats-Unis, la Suisse et l'Allemagne ; les altérations que souffre le principe de la souveraineté respective des Etats, tantôt par la neutralité perpétuelle, imposée notamment à la Belgique, tantôt par le protectorat ou la vassalité, concernant, entre autres, la Tunisie, la Bulgarie, l'Egypte, tantôt par l'intervention, qui place la Turquie dans une situation si singulière ; les agents diplomatiques et les consuls, qui, en temps de paix, servent à entretenir les relations des Etats entre eux et celles des Etats avec leurs nationaux résidant en pays étranger ; les questions qui s'élèvent au sujet des voies de communication naturelles et communes : la mer, les détroits, les fleuves internationaux ; comment les litiges entre Etats peuvent être éteints, dès leur naissance, par les négociations diplomatiques, apaisés par la médiation, résolus par l'arbitrage ; les règles de la guerre et de la neutralité, sur terre ou sur mer ; les conditions particulières aux traités internationaux ; les conséquences juridiques des annexions ou démembrements de territoire ; tels sont, sommairement et incomplètement esquissés, les principaux objets du droit international public. Il résulte de ce tableau que l'enseignement du droit international public est un enseignement tout à part, qui s'oppose à celui du droit national.

Je n'ai pas non plus à insister beaucoup sur l'intérêt majeur qui, dans une démocratie comme la nôtre, s'attache aux connaissances de cet ordre. Il est manifeste. En France, de nos jours, tout homme cultivé se préoccupe des destinées de son pays, en suit la politique extérieure, comme le gouvernement

interne. Or, il n'est guère de manifestations de la
vie publique d'un pays hors de ses frontières qui ne
soient soumises à l'influence du droit international.
Il arrive même fréquemment que la politique et le
droit s'entremêlent au point de se confondre. Nous
en avons, aujourd'hui, sous les yeux des exemples :
on aurait peine à discerner, dans nos rapports de
neutres avec le Japon et la Russie, ou dans notre
débat avec l'Allemagne au sujet du Maroc, la réac-
tion du droit sur la politique ou celle de la politique sur le droit. Il est rare, d'ailleurs, que l'on
n'ait pas soin de tenter la justification par le
droit de la politique le plus certainement inspirée
par l'intérêt. Eh bien, puisque le droit international
public se marie si étroitement à la politique extérieure, il importe que le plus grand nombre possible
de citoyens instruits en possèdent les éléments. Ce
sont eux qui, dans chaque pays, jugent, à ce point
de vue, les actes du pouvoir, et c'est l'opinion générale des hommes éclairés du monde entier qui forme
la conscience publique, le seul frein peut-être qui
puisse contenir la force dans les limites du droit.
Mais que de progrès, dans cet ordre d'idées, sont
encore à faire ! Peu de personnes, par exemple, en
dehors des juristes spécialement versés dans le droit
international, ont pu suivre avec la compétence
nécessaire les travaux de la grande Conférence de la
paix. Peu de personnes, également, ont pu se rendre
compte, à l'occasion des événements survenus depuis,
de la mesure dans laquelle il convenait d'adapter
aux faits les règles posées à la Haye, surtout en ce
qui concerne l'arbitrage. On distingue malaisément
des bons offices et de la médiation ce mode de règle-

ment des litiges internationaux. Rarement on voit avec justesse et précision les services que l'on en peut attendre. Que d'inexactitudes encore n'a-t-on pas commises au sujet du caractère de la Cour permanente ! Aussi en a-t-on tantôt nié en termes trop absolus, tantôt vanté avec exagération les bienfaits futurs. Elle ne peut, selon les uns, servir à rien ; pour les autres, elle sera le remède à tout. De telles erreurs d'appréciation seraient moins fréquentes, si la connaissance du droit international était plus répandue. Il ne s'agit pas seulement, d'ailleurs, de procurer au public instruit le moyen de se former, sur les faits auxquels il assiste et sur la direction imprimée aux affaires par ceux qui ont charge de les conduire, une opinion judicieuse. Les jeunes gens qui terminent aujourd'hui leurs études ne fourniront-ils pas eux-mêmes, demain, le contingent des hommes appelés à prendre part, de près ou de loin, au gouvernement du pays et par conséquent à appliquer, dans les rapports de la France avec les autres Etats, les règles du droit international ?

Il faudrait donc, si la chose était possible, que l'enseignement du droit international public fût offert à tous les jeunes gens dont les études aboutiront à les mettre en situation d'influer, soit par l'opinion, soit par l'action, sur l'avenir du pays. Mais, du moins, puisque cet enseignement existe dans les Facultés de droit, l'intérêt général exige qu'aucun étudiant n'ait la liberté de s'y soustraire ; en dispenser les étudiants serait leur permettre de se faire tort eux-mêmes, ce qu'ils regretteraient plus tard, et causer au pays un dommage certain ; car, ainsi que je crois l'avoir démontré, l'enseigne-

ment du droit international public est un enseignement nécessaire.

II

L'enseignement du droit international privé, pour
d'autres raisons, ne l'est pas moins. Peut-être
même, s'il y a des degrés dans la nécessité, l'est-il
davantage. Tel n'est pas, à la vérité, le sentiment
d'un certain nombre de personnes, qui en recon-
naissent l'utilité, mais ne vont pas au delà. Mais
cela tient à ce qu'au premier abord il n'est pas aisé
de s'en faire une idée juste. On est, en effet, porté à
croire que le droit international privé, comme le
droit international public, est isolé, sans attaches
au droit national français. On se le figure volontiers
comme un droit unique et commun à tous les
peuples, indépendant des législations internes et,
de plus, très savant, très obscur et tout théorique.
Voilà pourquoi l'enseignement n'en serait pas nécessaire : ce serait comme un enseignement de luxe
ou, du moins, complémentaire, qui pourrait être
offert aux plus zélés, curieux d'une science ardue,
mais qui ne devrait être imposé à personne. Or, ce
sont là des vues très hautes, mais aussi très éloi-
gnées de la réalité. Considéré de la sorte, le droit
international privé n'existe aujourd'hui que dans les
aspirations, les vagues aperçus, les conceptions
peut-être chimériques de quelques savants. La seule
chose qui, pour longtemps et probablement pour
toujours, soit possible, c'est d'établir, dans une cer-
taine mesure, jusqu'à un certain point, par voie de
conventions internationales, quelque harmonie entre

les règles, concernant le droit international privé, qui sont pratiquées chez les divers peuples. On s'y applique, non sans succès, depuis plusieurs années, dans des conférences qui se tiennent à la Haye, de même qu'en 1899 la grande Conférence de droit international public à laquelle j'ai fait allusion tout à l'heure. Mais ce qui pourra sortir un jour de ces travaux, quand ils seront achevés, ce n'est pas ce droit international supérieur aux législations nationales, indépendant d'elles, d'une autre essence, auquel on songe lorsque l'on croit que l'enseignement n'en est pas nécessaire ; c'est simplement l'union, la coordination des diverses législations nationales dans le domaine de ce qu'on nomme le droit international privé.

Le droit international privé, en effet — et c'est en grande partie la cause du malentendu que je voudrais dissiper, — porte un nom trompeur, en ce qu'il évoque l'idée fausse d'un droit analogue au droit international public, c'est-à-dire d'un droit profondément séparé des législations nationales. C'est, en réalité, dans chaque pays, un ensemble de règles qui s'appliquent aux rapports de la législation nationale concernant le droit privé avec les étrangers et les lois étrangères. Et, loin d'être isolé du droit national, il en fait partie intégrante. Chez nous, particulièrement, le cours de droit international privé comprend ces quatre matières : la nationalité ; la condition juridique des étrangers en France ; l'effet, en France, des jugements, des sentences arbitrales et des actes publics rendus ou reçus en pays étranger ; le conflit de la loi française avec les lois étrangères. Or, il suffira de quelques explications pour montrer à quel point ces matières sont inhérentes au droit privé français.

La nationalité forme la base de l'état des personnes. Aussi notre Code civil, modifié par les importantes lois du 26 juin 1889 et du 22 juillet 1893, l'a-t-il placée en tête du livre « Des personnes », dans un titre intitulé : « De la jouissance et de la privation des droits civils », où lui sont consacrés les articles 8, 9, 10, 12, 17, 18, 19, 20 et 21. La nationalité pourrait donc appartenir aux cours de droit civil ; c'est pour alléger le fardeau de cet enseignement qu'on l'a rattachée, non sans raison d'ailleurs, au cours de droit international privé. Mais, quelle qu'en soit la place dans l'enseignement du droit français, l'étude n'en saurait être facultative, pas plus que ne pourrait avoir ce caractère celle des actes de l'état civil, du mariage, de la filiation, de la tutelle, etc., qui sont d'autres éléments de l'état des personnes et qui reposent sur la nationalité comme sur une base fondamentale. Comment admettre que l'enseignement du droit français présente une aussi vaste et grave lacune ? Que des Français licenciés en droit ne sachent ni pourquoi la qualité de Français leur appartient, ni comment ils pourraient l'abdiquer ou la perdre, ni pourquoi tels ou tels sont des étrangers, ni comment les étrangers peuvent acquérir la nationalité française ?

Après avoir, au moyen des règles concernant la nationalité, distingué les étrangers des Français, le Code civil, au titre « De la jouissance et de la privation des droits civils », répond, de manière bien défectueuse, d'ailleurs, à la question de savoir si et dans quelle mesure les étrangers participent au droit français en général et, spécialement, s'ils peuvent avoir, en France, un domicile attributif de droits, comme les Français, et porter leurs différends devant les tribunaux français. Ce dernier point ressortit à la fois au droit civil et à la procédure. La matière, dans son ensemble, bien que placée dans le cours de droit international privé, fait l'objet, au Code civil, des articles 11, 13, 14, 15 et 16; au Code de procédure, des articles 166 et 167. Nouvelle et grande lacune dans l'enseignement du droit privé français, si les étudiants ont la faculté de n'en rien connaître.

Les jugements rendus par les tribunaux étrangers, les sentences arbitrales étrangères, les actes publics reçus par les officiers étrangers doivent-ils être reconnus en France et y produire leurs effets, si les personnes, étrangers ou Français, qui en sont bénéficiaires y ont intérêt? C'est une question voisine de la précédente, mais tout autre, puisqu'il s'agit non plus de faire participer les étrangers à la jouissance du droit français, mais de prêter assistance aux juges ou officiers étrangers dans l'accomplissement d'une mission qu'ils tiennent de souverainetés étrangères. L'article 546 du Code de procédure y touche, mais le siège principal s'en trouve dans les articles 2123 et 2128 du Code civil. Comme les deux premiers, ce sujet, attribué au cours de droit international privé, rentre dans le droit privé français, non seulement par la place qu'occupent dans nos codes les textes qui en traitent, mais parce que c'est à nos tribunaux que revient la tâche de reconnaître aux actes étrangers dont il s'agit la vertu de produire leurs effets en France. Troisième lacune dans l'enseignement du droit français, s'il ne comprend pas nécessairement cette matière.

Enfin, certaines circonstances, dont les principales sont la nationalité, le domicile, le lieu où les actes sont passés ou rédigés, le lieu de la situation des biens, peuvent mettre en contact la loi française avec les lois étrangères, de sorte que chacune de ces lois paraisse avoir quelque titre à intervenir dans le règlement de la situation de droit qui s'est formée. C'est ce qu'on appelle un conflit de lois. La difficulté consiste en ce qu'il faut nécessairement choisir parmi les lois concurrentes celle à qui, dans l'espèce, relativement à la compétence, doit être reconnue la primauté. C'est une difficulté souvent complexe, quelquefois presque inextricable. En voici deux exemples, choisis parmi les plus simples et les plus fréquents. Un Français s'est marié avec une personne, ou française ou de nationalité étrangère, dans un pays qui n'est ni le sien ni celui de la femme qu'il a épousée. De quelle loi relève ce mariage? Une personne dépendant d'un pays par sa nationalité, d'un autre par son domicile, d'un troisième, qui est la France, par la situation de ses biens, vient à mourir; quelle loi déterminera ses héritiers et fixera leurs parts? Il faut supposer, d'ailleurs, et c'est ce qui arrive d'ordinaire, que les lois qui se trouvent en concours diffèrent les unes des autres.

Le conflit de la loi française avec les lois étrangères a longtemps été considéré comme l'unique objet du droit international privé. Maintenant encore, il en forme au moins l'essence. Il appartient, lui aussi, au droit privé français; car c'est le Code civil qui l'a réglé dans son article 3 et dans quelques autres textes secondaires. N'en rien savoir serait une quatrième lacune dans la connaissance du droit privé, plus importante encore que les autres.

On voit, maintenant, je pense, combien j'avais raison de dire, tout à l'heure, que le droit international privé en France n'est pas autre chose, une fois fait le classement des personnes en Français et étrangers, que le droit privé français lui-même, envisagé dans ses rapports avec les étrangers, qu'il admet ou non à la jouissance des facultés d'ordre juridique reconnues en France, avec les actes des juges ou des officiers étrangers, qu'il admet ou non à produire leurs effets en France, avec les lois étrangères, qu'il admet ou non à s'appliquer en France. Et par là même on voit que rendre le cours de droit international privé facultatif, ce serait détruire une partie de l'enseignement du droit privé.

Mais, dira-t-on peut-être, est-il bien nécessaire d'affecter à cette partie de l'enseignement du droit privé un cours spécial? On en jugera d'après les brèves explications qui vont suivre. Lorsque, en 1880, le cours de droit international privé fut décrété, cette création répondait à un besoin pressant. L'accroissement des relations internationales, au dernier siècle, avait multiplié les rapports juridiques dont je viens de faire l'exposé, et les difficultés qui en résultaient, graves par elles-mêmes, étaient devenues, à raison de l'insuffisance de nos lois dans cet ordre d'idées, de plus en plus embarrassantes. La jurisprudence, aux prises avec ces difficultés, ne savait comment, au jour le jour, les résoudre, en présence de textes rares, laconiques et obscurs, en l'absence d'une doctrine suppléant aux lacunes de la loi. De vagues souvenirs de l'ancien droit, l'empirisme, le sentiment excessif de l'indépendance de la souveraineté française envers tout ce qui est étranger, tels étaient ses mobiles. Ni la législation ni la science françaises n'étaient en état de remplir les devoirs de justice nouveaux qu'un nouvel état de choses avait fait naître. Et pourquoi? Parce que l'enseignement, à cet égard, était négligé. Comme il s'agissait de matières comprises dans le Code civil, c'était aux cours de droit civil qu'elles étaient expliquées, mais par fragments, sans lien qui les unît, sans les développements nécessaires. Pour le conflit de la loi française avec les lois étrangères, surtout, l'absence de notions historiques et d'idées générales ne permettait ni la critique de la jurisprudence ni la formation d'une doctrine. Et cependant la nécessité de contrôler la pratique et de poser des règles doctrinales devenait de plus en plus urgente. Certains jurisconsultes commençaient à s'en rendre compte. En 1873, il s'était formé à Gand, pays de langue et de législation françaises, une association qui, sous le nom d' « Institut de droit international », se proposait de fixer les règles et du droit international public et du droit international privé. L'année suivante, un avocat à la Cour d'appel de Paris, M. Clunet, s'empressait de fonder le *Journal du droit international privé*, recueil de doctrine et de jurisprudence qui arrivait bien à son heure; car il s'est, depuis, développé dans des proportions énormes. C'est alors qu'à son tour le Gouvernement intervint dans ce mouvement des esprits et créa dans les Facultés de droit le « cours de droit international privé ». Les résultats, dans les vingt-cinq années qui viennent de s'écouler, en ont été immenses : enseignement désormais méthodique, appuyé sur l'histoire, fécondé par la théorie, contrôlant la jurisprudence en même temps qu'il y puise la connaissance des faits ; instruction reçue par de nombreuses générations d'avocats et de juges ; production d'ouvrages de toute sorte, envisageant à tous les points de vue le droit international privé.

Mais les textes législatifs ne sont-ils pas en petit nombre? Tout d'abord, en ce qui concerne la nationalité, ce n'est pas exact. Depuis qu'en cette matière le Code civil a été remanié par les lois de 1889 et de 1893, nombreux, étendus, enchevêtrés et touffus sont les articles qui la concernent, nombreuses aussi par conséquent doivent être les leçons pour tout démêler et éclaircir. Ce ne serait pas sans appréhension, sans doute, que les professeurs de droit civil se verraient restituer cette lourde tâche. Quant aux autres matières, il est vrai que les textes y correspondant sont aisés à compter. Mais chacun d'eux se réfère à toute une partie du droit privé, chacun d'eux est entouré d'un cortège de théories et de décisions judiciaires, auxquelles s'ajoutent maintenant nombre de conventions internationales. Plusieurs appellent des comparaisons entre le droit actuel et le droit ancien, entre le droit français et le droit étranger. Il y a d'ailleurs de vastes matières qui ne sont l'objet d'aucun texte et qui, néanmoins, tiennent une grande place dans la doctrine et la jurisprudence. Enfin, la revision prochaine du Code civil aura pour conséquence, comme il est arrivé en Italie, en Belgique, en

Allemagne, le développement de dispositions dont le germe seul existe actuellement dans nos lois. Dès aujourd'hui, si peu nombreux que soient les textes, abstraction faite de la nationalité, le cours de droit international privé, d'abord annuel, tient malaisément dans le semestre qui lui est maintenant attribué. C'est un cours général, que le professeur doit réduire à l'essentiel, en s'appliquant à une sélection sévère. Si l'enseignement du droit international privé recevait toute l'étendue dont il est susceptible, au cours général s'ajouteraient des cours accessoires ou complémentaires, où tantôt seraient exposées l'histoire de la science ou les doctrines modernes, françaises et étrangères, tantôt seraient approfondies certaines matières, comme le mariage, les successions, la compétence judiciaire, les jugements étrangers, tantôt seraient appliqués au droit commercial, au droit maritime ou autres les principes formulés dans le cours général.

On ne saurait donc objecter au cours de droit international privé, pour le restreindre de nouveau et, cette fois, le faire descendre à un rang inférieur, ni sa nature, puisqu'il est, plus encore que le cours de droit international public, strictement nécessaire, et que le retrancher du nombre des cours obligatoires serait creuser dans l'enseignement du droit privé une lacune extrêmement grave, ni le petit nombre des dispositions législatives qui le concernent, puisque, pour la nationalité, l'objection serait évidemment fausse et que, pour les autres matières, la réalité dément les apparences, ni le défaut d'utilité comme cours spécial, puisque au contraire il a rendu et rendrait encore de grands services.

M. le bâtonnier du Buit ne se trompait certainement pas lorsque, prononçant un discours, en 1891, comme président de la Société de législation comparée, aux services rendus par cette science il associait ceux qu'allait rendre le droit international privé, « l'une des branches les plus nouvelles et déjà les plus importantes du droit moderne... science à son aurore, mais qu'on sent destinée à jouer un rôle décisif dans les relations sociales et peut-être, un jour, dans les relations politiques des nations ». Une expérience du barreau déjà longue lui avait fait constater les besoins auxquels allait répondre le développement de cette nouvelle branche du droit. « Cent questions sont nées, disait-il, de la facilité des voyages, des habitudes nomades de beaucoup d'étrangers, de l'extension presque indéfinie des relations commerciales, civiles et de famille, qui transforment insensiblement en citoyens du monde civilisé les nationaux des pays les plus divers et la classe chaque jour plus nombreuse de ceux qui ont à peine une patrie. » Témoin des embarras où, sans le secours de la doctrine, se débattait la pratique, il signalait les progrès déjà dus à l'étude du droit international privé et saluait les espérances qui en résultaient pour l'avenir : « Peu à peu la doctrine se dégage, sous les efforts autorisés de jurisconsultes savants, animés partout d'un même sentiment de justice générale et de solidarité humaine. La jurisprudence la suit, plus timide, retenue par les préjugés d'un nationalisme encore exclusif, par la crainte d'abandonner ou d'engager les vieux principes.

M. du Buit oubliait seulement de dire que la cause

des progrès du droit international privé, présents et futurs, était dans l'enseignement de cette science. Il ne l'aurait pas méconnu et certainement il serait étonné, avec le barreau tout entier et toute la magistrature, d'apprendre aujourd'hui qu'en plein essor le droit international privé, cessant d'être soutenu par l'enseignement, se trouve menacé d'une chute profonde.

III

L'enseignement du droit international étant nécessaire, comment arrive-t-il qu'il soit exposé à subir une diminution qui serait déjà très sensible à l'égard du droit international public, mais qui, pour le droit international privé, comme on le voit, équivaudrait à une suppression presque totale? C'est que les professeurs chargés d'un autre enseignement, celui de l'économie politique, réclament avec insistance une place plus large. Il ne leur suffit pas d'avoir, d'abord en licence un cours général et obligatoire et le cours facultatif de législation financière, puis de nombreux cours de doctorat. Il leur faut, en licence aussi, plusieurs cours, et, d'après le projet, ils en obtiendraient quatre : 1° le cours obligatoire actuel, d'une année pleine, en première année ; 2° un second cours obligatoire, d'une année pleine, en seconde année ; 3° un cours obligatoire, mais semestriel seulement, qui serait affecté à la législation industrielle, en troisième année ; 4° en troisième année encore, un cours facultatif, mais d'une année pleine, qui serait affecté à la législation française des finances.

D'après cela, c'est pour introduire en seconde année un second cours d'économie politique obligatoire et annuel que le cours de droit international public et son compagnon de disgrâce, le second cours de droit romain, seraient rendus facultatifs, les étudiants ayant la faculté de choisir l'un ou l'autre. Et c'est pour introduire en troisième année un troisième cours d'économie politique, semestriel et obligatoire, sous le nom de cours de législation industrielle, que l'on sacrifierait l'enseignement du droit international privé.

Je dis que cet enseignement serait sacrifié ; car l'option serait laissée aux élèves : d'abord, entre la législation française des finances, d'une part, et, d'autre part, deux des cours qui vont être énumérés ; puis, pour ceux qui ne choisiraient pas la législation française des finances, entre les quatre cours suivants, à la condition d'en prendre deux, à leur gré : les voies d'exécution, le droit international privé, le droit commercial (cours complémentaire) et le droit maritime.

Ainsi, les trois quarts et peut-être plus des licenciés en droit ne recevraient pas l'enseignement portant sur la nationalité, sur la condition générale des étrangers, sur la compétence des tribunaux français à l'égard des étrangers, sur l'effet en France des jugements étrangers, sur le conflit de la loi française avec les lois étrangères. En revanche, ils seraient tenus de suivre, après deux années d'économie politique pure, un cours semestriel de législation industrielle, développement d'une matière comprise dans l'économie politique. On dira, sans doute, que les jeunes gens ayant en vue les carrières judiciaires auront soin d'opter pour les enseignements de nature à parfaire leur instruction juridique, par exemple pour ceux qui concernent les voies d'exécution et le droit international privé. Mais j'ai toujours pensé, et l'expérience généralement ne m'a pas contredit, qu'il y a dans cette croyance une forte part d'illusion. Beaucoup de jeunes gens, en licence, n'ont pas encore de parti pris sur leur avenir. Parmi ceux qui inclinent déjà vers une carrière déterminée, un assez grand nombre ne se rendent pas compte de l'utilité spéciale qu'aurait pour eux tel enseignement plutôt que tel autre, d'autant plus que d'avance ils n'en connaissent pas la nature. D'autres, enfin, et la quantité n'en est pas minime, se laissent guider par des considérations d'un tout autre ordre, à leurs yeux plus pressantes. La liberté qui leur serait à tous laissée, en ce qui concerne le droit international privé, se combinant avec l'idée fausse qu'ils pourraient se faire de cet enseignement, comme tant d'autres personnes, en meilleure situation cependant pour le connaître, les conduirait souvent à prendre une détermination peu judicieuse, que plus tard ils auraient lieu de regretter, et qui ne serait pas seulement fâcheuse pour eux; car il est manifestement de l'intérêt général que les notaires, les avoués, les avocats, les juges, surtout les juges, aient reçu, à la Faculté de droit, l'enseignement intégral du droit privé.

Mais comment, en trois années de licence, donner satisfaction pleine et entière à tous les besoins de l'enseignement? Les cours seront-ils tous obligatoires? C'est impossible. Il faut donc se résigner à n'accorder aux divers besoins de l'enseignement qu'une satisfaction partielle et relative, et, de même, il faut admettre que certains cours ne soient que facultatifs. Seulement, ce partage ne doit avoir lieu qu'après une enquête approfondie faisant exactement connaître les divers besoins en cause, et c'est l'intérêt général seul qui doit y présider. Tout le monde en conviendra; c'est dans l'application que naîtra le désaccord. Qu'il me soit permis de présenter à ce sujet les quelques vues suivantes.

Le point de départ est le fait que, dans un corps où coexistent plusieurs enseignements, chacun d'eux tend à se développer, serait-ce au détriment des autres. Dans les Facultés de droit, ce fait est saisissant. Tout professeur constate que l'enseignement dont il est chargé gagnerait soit à s'étendre sur plusieurs années, soit à être approfondi sur certains points, soit à être complété sur d'autres. C'est précisément ce qu'ont fait récemment les professeurs d'économie politique. Etant donné, d'autre part, que tous les enseignements ne peuvent pas être intégralement distribués à tous les élèves, il faut qu'une discipline s'impose qui contienne dans de justes limites, au nom de l'intérêt général, ces intérêts particuliers, si légitimes qu'ils soient. Et voici, selon moi, quelles en devraient être les règles.

Si l'on considère l'importance relative des divers enseignements, on ne tarde pas à constater qu'ils doivent, en premier lieu, se classer en enseignements principaux et enseignements accessoires ou complémentaires. Un enseignement principal est celui qui tout à la fois ne se rattache à aucun autre et paraît nécessaire. Le premier de ces caractères est facile à reconnaître : c'est celui que présentent les cours généraux, dans lesquels sont exposés tous les éléments de la science enseignée. Le second, à savoir la nécessité de l'enseignement, est affaire d'appréciation. Quant aux cours accessoires ou complémentaires, ils se définissent d'eux-mêmes; quelle qu'en soit l'utilité respective, ils ne servent qu'au développement des cours généraux, dont ils sont des dépendances.

Eh bien, la règle capitale doit être, ce me semble, que tous les cours correspondant aux enseignements principaux trouvent, avant tout, leur place et soient obligatoires. Ils pourront, d'ailleurs, selon l'étendue des matières qui en font l'objet, se répartir sur plusieurs années, ou bien être annuels, c'est-à-dire occuper les deux semestres d'une année, ou bien encore n'être que semestriels, comme sont actuellement les cours de droit international public, de droit international privé et de procédure, qui, d'annuels qu'ils furent autrefois, ont été réduits à l'espace d'un semestre.

C'est seulement après l'application de cette règle qu'il y a lieu de statuer sur les cours accessoires ou complémentaires, et cette règle doit avoir pour corollaire qu'aucun de ces cours ne soit obligatoire au détriment d'un cours principal. Ils seront généralement facultatifs, afin de ne pas peser trop lourdement sur les élèves, avec cette différence que les uns, étant sanctionnés par l'examen, seront cours à option, tandis que les autres n'auront même pas cet avantage.

Maintenant, ces règles posées, comment doit-on les appliquer au droit international, soit public, soit privé? L'enseignement du droit international public offre manifestement le double caractère par lequel se distingue, selon moi, tout enseignement principal; il m'a été facile de démontrer qu'il est à la fois autonome et nécessaire; le cours en devrait donc demeurer obligatoire. A l'égard du droit international privé, l'hésitation serait possible, si l'on en avait l'idée dont j'ai démontré l'inexactitude. Mais étant donné que, pour les raisons que j'ai rappelées, on a conféré à cet enseignement l'autonomie, qu'il porte sur des matières qui lui appartiennent exclusivement et ne seraient, en dehors de lui, enseignées d'aucune manière, étant donné en outre que ces matières, inhérentes au droit privé français, sont parmi les plus importantes et que la suppression en serait extrêmement dommageable au monde judiciaire, on ne saurait non plus, me semble-t-il, en contester la nécessité. Qu'on le remarque bien, il a été fait, en 1880, pour le droit international privé ce qui, en 1820, avait été fait pour le droit commercial. On a considéré qu'il est un aspect du droit privé français, envisagé dans ses rapports avec l'étranger, comme le droit commercial est un aspect du droit privé, envisagé dans ses rapports avec le commerce. Dès lors, il est devenu, lui aussi, l'objet d'un enseignement principal. Si, les matières qu'il embrasse étant moins étendues, ce cours peut, à la rigueur, être réduit à un semestre, il devrait, du moins, demeurer obligatoire.

C'est le parti auquel s'était tenue, en définitive, sur les observations de M. le ministre de l'Instruction publique, après des hésitations, la Commission parlementaire de l'enseignement et des beaux-arts au mois de mars dernier. Voici, à cet égard, ce que je lis dans le rapport de M. le député Devèze :

« La Commission avait tout d'abord décidé de rendre obligatoire le cours de législation financière et de placer parmi les cours à option le cours de droit international privé. Sur la demande de M. le ministre de l'Instruction publique et de notre collègue M. Hubbard, la Commission est revenue sur sa première décision et a laissé ces deux matières chacune à leur place. La Commission a été amenée à cette modification par l'idée que les notions de législation financière sérieuses pourraient être incorporées soit dans le cours de droit administratif, soit surtout dans le cours d'économie politique, et, pour bien marquer son sentiment à ce sujet, elle a décidé de proposer au ministre de l'Instruction publique la modification du titre du cours d'économie politique, qui, au lieu de s'appeler cours d'économie politique, prendrait le nom de cours d'économie politique et de législation industrielle et financière. »

J'ose donc espérer que l'avis prévaudra de nouveau que la législation industrielle peut rester comprise, en licence, dans les cours d'économie politique et laisser au droit international privé la place que depuis longtemps il occupe. Ce dernier, je le répète, est un cours qui doit demeurer obligatoire, parce qu'il répond à un enseignement autonome et nécessaire.

PARIS. — IMPRIMERIE F. LEVÉ, RUE CASSETTE, 17.

PARIS. — IMPRIMERIE P. LEVÉ, RUE CASSETTE, 17.